Jürg Beeler • In fremden Zimmern • Gedichte

Wolfbach

Verlag und Autor danken der Kulturabteilung der Stadt Zürich für die Unterstützung bei der Drucklegung dieses Werks.

Nr 43 DIE REIHE
Herausgeber: Markus Bundi

© 2017 Wolfbach Verlag Zürich / Roßdorf

Gesamtgestaltung:
Atelier Franjo Seiler, Zürich

ISBN 978-3-905910-96-4

Jürg Beeler
In fremden Zimmern

Gedichte

FLUCHT

Nie hast du Tagebuch geführt,
der Himmel hing dir
immer zu tief,
selbst auf dem Land
bekamst du nie genug Luft.

Wie deine erste Freundin hieß,
wann der Fluß sich teilte
und die Tage kälter wurden,
du weißt es nicht mehr,
die Lücken in der Erinnerung
bleiben.

APULIEN

Die Dorfheiligen aus Sandstein
bewachen das Kirchenportal,

im Schaufenster des Friseurs
verstauben die Perücken,

unter den Wärmehauben
sitzen die verwitweten Engel,
zu schwer für den Flug.

Vor wem die Wolken auf der Flucht sind,
warum die Worte nichts behalten,
du wirst es nie erfahren,
du bezahlst deinen Kaffee und steigst in den Bus,
auf dem Platz vor der Moschee
stehen verloren die Palmen.

ABEND

Du holst
ein paar Saiblinge aus der Kühltruhe,
ein Strichcode verwandelt sie
in Zahlen,
die du gleich wieder vergißt,
der Bettler vor dem Supermarkt
schwenkt die Flasche
und fängt eine Lichtscherbe ein,
die Schaufensterpuppen
tragen schon Winterjacken
und Stiefel.

Nichts mehr
wird kommen, nichts mehr
kann diese Mauern erschüttern,
die Luft hat schon
Risse genug.

Auch wenn du
den Bildschirm ausschaltest,
die Tage werden nicht heller,
die Brücke über die Drina
wird nicht mehr gebaut.

Ohne Eile überquerst du
den Platz vor dem Landesgericht,
noch sind die Platanen und Gehsteige
am selben Ort
und schützen dich vor den Menschen,

im Café neben dem Tabakladen
ist ein Tisch für dich frei,
du rollst den Tag zu einer Zigarette,
die Aschenbecher sammeln,
was von uns bleibt.

EXIL

Im Jardin des Plantes
schenken ihm die Bäume
ihren Schatten,
der Zeit kehrte er den Rücken,
um besser zu hören,
was von ihr bleibt,

vor Notre-Dame
reiht er sich
in die Menschenschlange,
ganz oben reitet
ein Gnom die Jahrhunderte,
in den Klauen
hält er die Fäden des Lichts.

Noch trägt der Briefkasten deinen Namen,
die Sonnenschirme auf dem Marktplatz
reden von wärmeren Tagen,
die Postbotin grüßt dich, streichelt die Katze

und schwingt sich aufs Rad,
du wirfst die Mahnungen in den Müll,
spülst Tassen und Gläser,
noch sind die Kissen mit Daunen gefüllt.

BEWEGUNG

BARLACHMUSEUM

Keine Tankstellen und keine Rathäuser,
nur der Teich und dieses Mädchen,
nur dieses Dorf, nur diese Farben,
nur dieses Mädchen, das sich bückt
und ein Ahornblatt aufliest,
nur dieses Mädchen in einem Licht,
das groß ist und grün.

BESUCHER

Draußen ein Licht
und ein Himmel,
im Museum eine Stille,
im Museum eine Luft,
die keine Äste bewegt,

draußen der Park,
draußen der Teich
und Mütter mit Kindern,
im Museum die Bilder,
die Besucher aus Stein:

sie sehen das Dorf nicht,
sie sehen die Leinwand nicht,
auf die ihre Schatten gemalt sind,
sie sehen die Nacht nicht,
die ihre Tage bewohnt.

Keine Kirschbäume und keine Hügel,
nur der Tisch und dieser Winter,
nur dieses Dorf,
nur dieser Rentner, der sich bückt
und eine Wollmütze aufhebt,
nur dieser Rentner in diesem Gedicht,
das weiß ist und alt.

TRAKL

Die Menschen im Frühjahr
ganz weich, ganz flaumig im Biergarten
ein Licht,
die Drehtür ganz leicht,

schwer
am Abend dein Schatten.

Wie es später wird, die Zeit stehen bleibt,
wie du sitzt, jeden Tag absitzt,
die Nacht übers Land zieht,
wie es später wird,

wie du einen Schatten wirfst,
einen letzten.

FRIEDHOF

Die Gießkanne
neben dem Ginster,
deine Schritte
im Kies.

Drüben
der Wind, Maischenwind,
still dieser Wind,

drüben
die Pappeln, die Kapelle,
ihr fiebriger Bauch,

die Pappeln,
hell die Klingen
im Wind.

Kein Kiesweg und keine Zypressen,
nur das Tor in den rostigen Angeln,
die Engel aus Stein
und hinter dem Ginster die Katze,

draußen die Felder,
die Vogelscheuchen im Winter,
draußen wir, die Krähen
im Wind.

Ein Tag,
und wieder einer,
wie der andere
ein Tag,

die Häuser
knietief im Wasser,

und du,
nördlich von dir,
in Gletschermühlen
hast du Worte
gerollt und
gerollt.

BEWEGUNG

Der Hufschlag
am Ende des Schlafs.

Das Feuer,
hörbar das Feuer nah
dem Donner die Sandflut
nah: rot der auffliegende
Lehm die Hengste rot
die rußigen Hänge
hinab.

CABRIO

Helle
und dunkle Chausseen,
Weindörfer, sitzledrig und satt,
Baumkronen,
ein Schwirren von Licht
und Schatten:

ein Schwalbenschwarm
über Rebhügeln,
flirrende
Punkte auf der Jagd
nach einem Satz.

DIE LICHTER IM KURPARK

Sie wußte nicht, warum die Krüge still waren,
sie wußte nicht, daß die Stadt
ihre Straßen aussandte, die Dörfer zu fangen.
Der Regen hielt den Tag an dünnen Fäden,
aber die Menschen waren ruhig,
sie legte ihre Hände auf Tische
und in die Luft,
sie wußte nicht, wie schön diese Hände waren,
sie sah die Nacht von ihren leichten Stühlen
aufstehen,
sie hörte den weißen Hirsch
in einer Fuge von Bach.

In Einmachgläsern
schimmelt der Herbst,

du denkst dich
auf die andere Seite
der Alpen.

Der Reiseführer
　　spricht von einem magischen Ort,
　einem großen Himmel, korinthischen Säulen und Marmor,
　　du blätterst von Norden nach Süden,
　　überspringst Syrakus, Rom
　　und die Olivenbäume auf toskanischen
　　Hügeln, bleibst vor Altarflügeln, Madonnen
　　oder flämischen Landschaften stehen.
Nirgends siehst du einen Engel,
　　nirgends hält ein Bus in der Gegenwart,
　eine Zeitung tanzt mit dem Wind einen Walzer,
　　die Wienerin am Nebentisch
　prüft auf dem Bildschirm das Wetter
　　und sucht deinen Blick, du überspringst
Lesbos, Venedig und den Isenheimer Altar,
　　auf den ostfriesischen Inseln
　werden die Nächte endlich stiller,
　　von einer Wanderung in den Pyrenäen
kehrst du nicht mehr zurück.

BACKGAMMON

In der Taverne
träumen alte Männer
vom Festland,

mit der Dämmerung
rücken die Spielsteine
vor.

Die Lichter im Kurpark
    vermögen nichts gegen den kommenden Tag,
die Birken hinter dem Pavillon
    wuchsen für ein anderes Jahrhundert,
die beiden Delphine aus Gußeisen
    üben den Sprung aus der Zeit.
Einst hielten Kutschen vor dem Hotel
    und Frauen in Federboas
holten ihr Lächeln aus Krokodilledertaschen,
    auf alten Fotos steht der Portier
in Uniform neben dem Papageienkäfig,
    vor dem Seerosenteich hält der Steinlöwe
immer noch Ausschau nach Beute.

HAMBURG

Auf einem Plakat
hebt ein glatzköpfiger Dirigent
den Taktstock,

in einer Weißdornhecke
geben Spatzen
ihr letztes Konzert.

SAPPHO I

Du weißt nicht,
welche Stadt, welches Land auf dich wartet,
ob eine Jahreszeit noch einen Urlaub bereit hält,
warum plötzlich ein Winter dir einheizt
und die Sprache so viele Blindfährten legt,
warum die Kirchen immer noch im Dorf sind
und dieser Himmel sich auftürmt,
als wäre er blau,

siehst du, mein Liebster, endlos könnte ich gehen,
als hörte dieser Tag nie auf,
nur wenn die Worte aus Schnee sind,
traue ich ihnen,

aber wer noch erriete den Baumbestand
zwischen den Zeilen,
wer noch erinnerte sich, wie wir am Tisch saßen
und jeder die Geschichte des andern
erzählte.

WILDGÄNSE

Noch nie hast du eine Wolke gehört.
Nur manchmal noch, wenn du schläfst,
fliegst du mit gestrecktem Hals
über Landstriche, weiße.

SAPPHO II

Ich saß in einem Café
in der Donceles-Straße,
ich sah den Mann
mit dem Regenschirm,
riesig und schwarz,
ich sah meine roten Stiefeletten
an einer anderen Frau,
ich sah die Frau,
die auf mich zukam,
sie zog an meiner Zigarette,
mein Herz glühte auf,
ich sah den Mann
mit dem Regenschirm,
riesig und schwarz,
ich sah den Himmel
über Mexico-City.

Abbruchbirnen
schwingen nachts durch den Schlaf,
in den Kellern lagern
noch Reste von Träumen,
zwischen den Steinplatten
blüht seit gestern der Mohn.

FREMDE

Auch im Frühjahr blieb die Leinwand weiß,
zu blau schien ihm der Himmel,
zu rasch und laut
gingen die Menschen an ihm vorüber,
wenn er durch Straßen oder Parks flanierte
auf der Suche nach Farben.

Er las nur noch wenig,
Romane waren ihm zu lang,
eine Unruhe hatte die Worte ergriffen,
als fürchteten sie um ihr Überleben.

SAPPHO III

Eine Dämmerung,
still wie deine Lippen,
ein Morgen, klein
wie dieser Finger,
ein Espresso,
ein Tisch und ein Stuhl,
davor ein Boulevard

oder doch eher
eine Piazza,
auf der anderen Seite
der Schmuckladen,
du vor Glasperlen,
Flitter und Ringen,
meine Rufe,
groß wie diese Pinie,
du hörst sie nicht.

INTERVIEW

Was soll ich erzählen,
Mikrophone mochte ich nie,
und die Zeitungen
schreiben alle dasselbe,
seit Jahren
fahre ich nicht mehr ans Meer,
drei Wintermäntel hängen
in meinem Schrank,
und doch friere ich immer.

HÖLDERLIN

Geliebt habe ich
das Akkordeon, die Olivenbäume
und meine Frau,
die Schafe des Nachbarn
interessierten mich nie,
nun geraten mir
Häuser
und Tage durcheinander,
auch wenn ich
das Hörgerät einschalte,
die verstorbenen Freunde
schweigen.

Auch in dieser Nacht
schreibt Dante
an seinem Inferno:

neun Höllenkreise
bringen Ordnung ins Paradies,
im letzten sitzen die Erzengel,
festgefroren
an ihrem Hosianna.

SCHATTEN

Die Biertrinker auf dem Marktplatz
wuchsen an den Holztischen fest,
unten der Fluß, die Schaumkronen
in den Wirbeln der Strömung,
in der Maserung des Wassers
wechselt das Licht seine Töne.

STYX

Die Schatten verfolgen dich,
die Schatten der Frauen,
die du nicht geliebt hast,
die Briefe,
die du nicht geschrieben hast,
reden weiter in dir,

auf der alten Holzbrücke
überquerst du den Fluß,
ein anderer, der dir gleicht,
setzt sich an den freien Tisch
auf der Terrasse,
du gehst an dir vorüber

und nickst der Kellnerin zu,
die Angler stehen am Ufer,
sie werfen die Köder aus
und warten.

DENKMAL

Wie lange schon sitzt du
auf deinem Pferd aus Bronze,
wie lange schon schifft die Moldau
Tage und Nächte an dir vorüber,
ob du dich
im Jahrhundert geirrt hast,
ob dein Herz kalt ist oder noch schlägt,
niemand sagt es dir,
die Tauben auf deiner Schulter
reden von leichteren Dingen.

GROSSVATER

Wenn du so alt bist wie ich,
wird auch das Licht faltig,
und wenn du die Tür öffnest,
magst du nichts Neues mehr sehen,

schau diese Kirschbäume dort,
sie haben noch kräftige Lungen,
und diese Kirche, sie tut so,
als läute die Ewigkeit ihre Glocken.

LETZTER BESUCH

In dieser Straße
warst du ein Kind,
hinter diesem Schuppen
klopfte deine Mutter
den Staub
aus dem Teppich,
wo die Rotbuche stand,
parken nun Fremde
ihren Wagen,
die Hügel, der Dorfplatz
sind kleiner geworden,
auf dem Kirchturm
sitzt immer noch
grünspanig die Zwiebel.

Die Reglosigkeit der Häuser
überrascht dich nicht mehr,
wie ein Bordeaux
oder Burgunder das Abendlicht einfängt,
du hast es schon oft erprobt,
mit kleinen Schritten

schiebst du den Rollator
durch die verbliebenen Tage,
die Frauen
schauen durch dich hindurch,
so leicht bist du schon.

REETDÄCHER

Diese Sparglühbirne,
du hättest sie gerne
aus dem Himmel geschraubt,
die Nordsee, so traurig
wie wir,

da lebst du also,
in Wind- und Wetterhosen
auch im August,
Schiffe siehst du keine
in diesem Nebel.

Statt Stimmen
immer lauter den Summton im Ohr,
die japanische Blütenkirsche,
die Kastanie
vor dem Kindergarten,
sie erkennen dich wieder,
im Briefkasten die Postkarte,
die du dir aus dem Urlaub schriebst:

zwei Flamingos,
schnäbelnd am Ufer.

Der September
brachte ruhige Tage,
nur das Schloß deiner Haustür
klemmt:

was für ein Mensch du bist,
dem sich die Welt nicht öffnet,
warum der Schlüssel
nicht zur Jahreszeit paßt,
die Fragen hören nicht auf,
du durchwühlst das Dunkel
in deinen Taschen,
die Wolken ziehen still
über dich weg.

KINO

Die Sonne
trocknet
hinter dem Haus,
feuerrot
leuchten die Felder
im Film,
die Klappsessel
sperren das Maul auf,
wir hungern.

PREDIGT

In deinem Paß verzeichnet
sind das Todesjahr,
die Blutgruppe und deine Feinde,
daß du Seepferdchen liebtest

und Spaghetti alle vongole,
in deinem Paß verzeichnet
sind das Gewicht des Grabsteins,
die ungelebten Worte und die Schnecken,
die deine Stiefel zermalmten,

deine Hände, deine Augen,
sie sprechen gegen dich,
nun wird dir die Haut abgezogen
bis in alle Ewigkeit,
Amen

BEGEGNUNG

Du liebst an Rolltreppen die Stille,
du liebst Lissabon, Paris
und die ersten Sätze eines Romans,
im Aufzug begleitet dich
Mozart mit einer kleinen Nachtmusik,
in der Tiefgarage
melden Sensoren deine Ankunft den Engeln,
lautlos gleitet dein Sarg hinaus in die Nacht.

ALSTER

Auf einer Parkbank stricken Mütter
an einer wärmeren Zukunft,
in einer Haut aus Neopren
rennt eine Läuferin

mit dem Nachmittag um die Wette,
die Kormorane
stehen reglos im Wasser
und planen den Flug.

ABENDLAND

Die Ortsnamen kennst du nicht,
am Endbahnhof steigst du
mit schwerem Gepäck aus dem Satz,
du hörst nicht mehr,
was die Lautsprecher sagen.

Eine Autotür
knallt neben dir zu,

die Gedichte finden
in keine Parklücke mehr,

vom Fluß her
weht ein kühlerer Wind.

EINSIEDELN

In seinen neuen Schuhen
geht der Küster,
als glänzte der Tag,
und der Gärtner
kehrt den Kiesweg,
als glätte er
sein Gedächtnis,
aber sie ordnen die Zeit
nicht mehr vor dem Winter,
sie werfen ihre Köder
in die Luft und sagen,
die Vögel sind Fische.

Wir wissen nicht,
ob wir Sätze reihen oder Stunden,
ob die Stunden, die wir reihen,
die Sätze vernichten,
ob die Sätze, die wir reihen,
die Stunden vernichten,
wir wissen nicht, was die Zeit
von uns weiß.

INHALT

FLUCHT
7 Nie hast du Tagebuch geführt
8 Apulien
9 Vor wem die Wolken auf der Flucht sind
10 Abend
11 Nichts mehr
12 Ohne Eile überquerst du
13 Exil
14 Noch trägt der Briefkasten deinen Namen

BEWEGUNG
17 Barlachmuseum
18 Besucher
19 Keine Kirschbäume und keine Hügel
20 Trakl
21 Wie es später wird, die Zeit stehen bleibt
22 Friedhof
23 Kein Kiesweg und keine Zypressen
24 Ein Tag
25 Bewegung
26 Cabrio

DIE LICHTER IM KURPARK
29 Sie wußte nicht, warum die Krüge still waren
30 In Einmachgläsern
31 Der Reiseführer
32 Backgammon
33 Die Lichter im Kurpark
34 Hamburg
35 Sappho I
36 Wildgänse
37 Sappho II
38 Abbruchbirnen
39 Fremde
40 Sappho III
41 Interview
42 Hölderlin
43 Auch in dieser Nacht

SCHATTEN

47 Die Biertrinker auf dem Marktplatz
48 Styx
49 Denkmal
50 Großvater
51 Letzter Besuch
52 Die Reglosigkeit der Häuser
53 Reetdächer
54 Statt Stimmen
55 Der September
56 Kino
57 Predigt
58 Begegnung
59 Alster
60 Abendland
61 Eine Autotür
62 Einsiedeln
63 Wir wissen nicht

DIE REIHE Herausgeber: Markus Bundi

1 **Sascha Garzetti** Vom Heranwachsen der Sterne (Gedichte). ISBN 978-3-905910-04-9
2 **Svenja Herrmann** Ausschwärmen (Gedichte). ISBN 978-3-905910-05-6
3 **Nathalie Schmid** Atlantis lokalisieren (Gedichte). ISBN 978-3-905910-15-5
4 **Thomas Doppler** Nelson und die Kobra (Gedichte). ISBN 978-3-905910-16-2
5 **Ruth Loosli** Wila (Geschichten). ISBN 978-3-905910-18-6
6 **Jean-Marc Seiler** Papierflieger (Marginalien). ISBN 978-3-905910-19-3
7 **Ralf Schlatter** König der Welt (Gedichte). ISBN 978-3-905910-27-8
8 **Ingrid Fichtner** Lichte Landschaft (Gedichte). ISBN 978-3-905910-28-5
9 **Joanna Lisiak** Besonderlinge (Galerie der Existenzen I).
   Mit Illustrationen von Raffael Schüürmann. ISBN 978-3-905910-31-5
10 **János Moser** Das Kaninchen und der Stein (Erzählungen). ISBN 978-3-905910-32-2
11 **Carmen Bregy** Südhang Tod (Lyrik und Kurzprosa). ISBN 978-3-905910-37-7
12 **Claire Krähenbühl** Ailleurs peut-être / Vielleicht anderswo (Gedichte, frz./dt.).
   Aus dem Französischen übersetzt und mit einem Nachwort von Markus Hediger.
   ISBN 978-3-905910-38-4
13 **Joanna Lisiak** Besonderlinge (Galerie der Existenzen II).
   Mit Illustrationen von Raffael Schüürmann. ISBN 978-3-905910-43-8
14 **Silvia Trummer** Vierhändig (Ein Mosaik). ISBN 978-3-905910-42-1
15 **Marc Vincenz** Additional Breathing Exercises / Zusätzliche Atemübungen
   (Gedichte, engl./dt.). Aus dem Englischen übersetzt und mit einem Nachwort
   von André Ehrhard. ISBN 978-3-905910-44-5
16 **Beat Brechbühl** Böime, Böime! Permafrost und Halleluia (Gedichte).
   ISBN 978-3-905910-45-2
17 **Christian Haller** Laub vor dem Winter (Gedichte). ISBN 978-3-905910-46-9
18 **Markus Hediger** Va-t'en. Oublie / Geh. Vergiss (Gedichte, frz./dt.).
   Aus dem Französischen übersetzt von Yla von Dach. ISBN 978-3-905910-47-6
19 **Ingrid Fichtner** Von weitem (Gedichte). ISBN 978-3-905910-48-3
20 **Arthur Steiner** Stechwetter (Erzählungen). ISBN 978-3-905910-49-0
21 **Thomas Doppler** Ich sehe das anders, sagte der Igel (Gedichte). ISBN 978-3-905910-55-1
22 **Klaus Merz, Tanikawa Shuntarō, Raphael Urweider, Kaku Wakako** Es geht fast immer
   ein Wind (Roppongi-Renshi, jap./dt.). Übersetzt von Matsushita Taeko und Eduard
   Klopfenstein. Mit einem Nachwort von Eduard Klopfenstein. ISBN 978-3-905910-56-8
23 **Kai Hilpert** Mauern gibt es nur im Hirn (Gedichte). ISBN 978-3-905910-58-2
24 **János Moser** Der Graben (Erzählungen). ISBN 978-3-905910-57-5
25 **Jeanine Osborne** Victory (Ein Quartett, engl./dt.). Aus dem Englischen übersetzt
   von Elisabeth Wandeler-Deck. Mit einem Nachwort von Peter Blickle.
   ISBN 978-3-905910-59-9

26 **Ernst Halter** Aschen Licht (Gedichte). ISBN 978-3-905910-65-0
27 **Katharina Lanfranconi** komm auf den balkon (Gedichte). ISBN 978-3-905910-66-7
28 **Daniele Pantano** Dogs in Untended Fields / Hunde in verwahrlosten Feldern. (Gedichte, engl./dt.). Aus dem Englischen übersetzt und mit einem Nachwort von Jürgen Brôcan. ISBN 978-3-905910-67-4
29 **Eva Seck** sommer oder wie sagt man (Gedichte). ISBN 978-3-905910-68-1
30 **Ulrich Gerber** Kroetzer (Geschichten). ISBN 978-3-905910-69-8
31 **Sascha Garzetti** Und die Häuser fallen nicht um (Gedichte). ISBN 978-3-905910-70-4
32 **Ariane Braml** Vergissmeinland (Gedichte). ISBN 978-3-905910-73-5
33 **Bruno Landis** Ursina Blond lässt grüßen (Gedichte). ISBN 978-3-905910-74-2
34 **Gerold Ehrsam** fliegen lügen nicht (Gedichte). ISBN 978-3-905910-75-9
35 **Ruth Loosli** Berge falten (Gedichte). ISBN 978-3-905910-76-6
36 **Marc Djizmedjian** Der Mann, der nicht ins Kino ging (Prosa). ISBN 978-3-905910-81-0
37 **Katharina Lanfranconi** Ich schrieb etwas kleines (Gedichte). ISBN 978-3-905910-82-7
38 **Matthias Dieterle** das Buch nie genug (Gedichte). ISBN 978-3-905910-83-4
39 **Silvia Trummer** Nachgetragenes (Gedichte). ISBN 978-3-905910-84-1
40 **Ernst Halter** Gerodete Zeit (Gedichte). ISBN 978-3-905910-90-2
41 **Pierre-Alain Tâche** Dire adieu / Abschied nehmen (Gedichte, frz./dt.). Aus dem Französischen übersetzt und mit einem Nachwort von Markus Hediger. ISBN 978-3-905910-91-9
42 **Svenja Herrmann** Die Ankunft der Bäume (Gedichte). ISBN 978-3-905910-92-6
43 **Jürg Beeler** In fremden Zimmern (Gedichte). ISBN 978-3-905910-96-4
44 **Ernst Strebel** Die imaginären Bibliotheken (Prosa). ISBN 978-3-905910-97-1
45 **Padraig Rooney** Landing Craft / Angelandet (Gedichte engl./dt.). Aus dem Englischen übersetzt und mit einem Nachwort von André Ehrhard. ISBN 978-3-905910-98-8
46 **Kurt Aebli** Königliche Fahrt (Gedichte). ISBN 978-3-905910-99-5
47 **Meret Gut** Einen Knochen tauschen wir (Gedichte). ISBN 978-3-906929-00-2